BEI GRIN MACHT SICH IHR WISSEN BEZAHLT

- Wir veröffentlichen Ihre Hausarbeit, Bachelor- und Masterarbeit

- Ihr eigenes eBook und Buch - weltweit in allen wichtigen Shops

- Verdienen Sie an jedem Verkauf

Jetzt bei www.GRIN.com hochladen und kostenlos publizieren

Axel Gronbach, Sebastian Kerski

Einführung von Projektcontrolling bei der Labtec GmbH

GRIN Verlag

Bibliografische Information der Deutschen Nationalbibliothek:

Die Deutsche Bibliothek verzeichnet diese Publikation in der Deutschen Nationalbibliografie; detaillierte bibliografische Daten sind im Internet über http://dnb.d-nb.de/ abrufbar.

Dieses Werk sowie alle darin enthaltenen einzelnen Beiträge und Abbildungen sind urheberrechtlich geschützt. Jede Verwertung, die nicht ausdrücklich vom Urheberrechtsschutz zugelassen ist, bedarf der vorherigen Zustimmung des Verlages. Das gilt insbesondere für Vervielfältigungen, Bearbeitungen, Übersetzungen, Mikroverfilmungen, Auswertungen durch Datenbanken und für die Einspeicherung und Verarbeitung in elektronische Systeme. Alle Rechte, auch die des auszugsweisen Nachdrucks, der fotomechanischen Wiedergabe (einschließlich Mikrokopie) sowie der Auswertung durch Datenbanken oder ähnliche Einrichtungen, vorbehalten.

Impressum:

Copyright © 2012 GRIN Verlag GmbH
Druck und Bindung: Books on Demand GmbH, Norderstedt Germany
ISBN: 978-3-656-18363-1

Dieses Buch bei GRIN:

http://www.grin.com/de/e-book/192823/einfuehrung-von-projektcontrolling-bei-der-labtec-gmbh

GRIN - Your knowledge has value

Der GRIN Verlag publiziert seit 1998 wissenschaftliche Arbeiten von Studenten, Hochschullehrern und anderen Akademikern als eBook und gedrucktes Buch. Die Verlagswebsite www.grin.com ist die ideale Plattform zur Veröffentlichung von Hausarbeiten, Abschlussarbeiten, wissenschaftlichen Aufsätzen, Dissertationen und Fachbüchern.

Besuchen Sie uns im Internet:

http://www.grin.com/

http://www.facebook.com/grincom

http://www.twitter.com/grin_com

Einführung von Projektcontrolling

bei der Labtec GmbH

Projektarbeit 2011/ 2012

Vorgelegt von:

Axel Gronbach
Sebastian Kerski

In Zusammenarbeit mit:

Labtec GmbH
Raiffeisenstr. 4
40764 Langenfeld

Vorgelegt bei:

Franz-Jürgens-Berufskolleg Düsseldorf
Färberstraße 34
40223 Düsseldorf
Schuljahr: 2011 - 2012 | Klasse: TWT 11

Danksagung

Das Projektteam, bestehend aus Herrn Axel Gronbach und Herrn Sebastian Kerski, dankt der Firma Labtec GmbH in Langenfeld für die Ermöglichung und Unterstützung bei dieser Projektarbeit.

An dieser Stelle möchten wir uns besonders bei Frau Martina Heymer bedanken, die uns während der Facharbeit umfangreich unterstützt hat.

Ein besonderer Dank geht an Frau Eva Düllmann, die bei vielen Formulierungen und auch bei der Korrektur der Facharbeit sehr hilfreich zur Seite stand.

Zudem möchten wir uns bei Frau Stella Rothe für die moralische Unterstützung bedanken.

Das Projektteam

Zusammenfassung

Die Ausbildung zum staatlich geprüften Wirtschaftstechniker beinhaltet eine Projektarbeit. Diese Projektarbeit sollte einen Umfang von 120 Stunden haben und in Kooperation mit der Arbeitsstelle des Auszubildenden durchgeführt werden. Das Projektteam ist bei der Firma Labtec GmbH angestellt und führte dort die vorliegende Projektarbeit durch.

Ziel der Projektarbeit war die Einführung von Projektcontrolling als Managementwerkzeug. Das Ziel von Projektcontrolling ist es, so gut wie möglich die Übereinstimmung von tatsächlichem und geplantem Projektablauf hinsichtlich Kosten, Terminen und Ergebnissen zu gewährleisten.

In der Pilotphase wurden drei Labtec-Produkte bearbeitet: Eine klassische Auftragsentwicklung, die auf Stundenbasis abgerechnet wurde, eine Eigenentwicklung mit einem Vertragspartner und eine selbstfinanzierte Eigenentwicklung ohne Vertragspartner. Die Projektarbeit teilte sich im Wesentlichen in drei Phasen auf: Die Planungsphase, die Durchführungsphase und die Projektabschlussphase. In der Planungsphase wurden die Projektarbeit geplant und ein Projektablaufplan und ein Projektstrukturplan erarbeitet, sowie projektbezogene Meilensteine definiert. In der Durchführungsphase wurden Daten erhoben und Labtec-Produkte mithilfe von Controlling Werkzeugen gesteuert. In der Projektabschlussphase wurden die Labtec-Produkte bewertet und der Abschlussbericht erstellt. Während der Projektarbeit gab es regelmäßige Meilensteinsitzungen mit dem Lehrerausschuss der Fachschule für Technik, in denen das Projektteam über den aktuellen Stand des Projektes informierte. Zum Abschluss der Projektarbeit wird eine Zusammenfassung des Projektes präsentiert.

Abstract

The training as a certified technician of economics includes a project. This project should comprise 120 working hours and be carried out in cooperation with the firm, where the trainee is employed. The team of this project is employed by the firm Labtec GmbH and carried out this project there.

The aim of this project was the introduction of project controlling as a means of management. Project controlling is aimed at guaranteeing that the actual and the planned course of a project match, when it comes to the costs, deadlines and results.

During the pilot phase, three Labtec-products were dealt with: A conventional contract development calculated according to the working hours, an in-house development with a contracting party, and a self-financed in-house development without a contracting party.

In general, the project can be divided into three phases: The planning phase, the execution phase and the final phase. During the planning phase, the project was planned, and a project schedule along with a structural plan were developed. Also, milestones for the project were defined. In the execution phase, data were collected and the Labtec-products were regulated by controlling tools. During the final phase, the Labtec-products were evaluated and a final report was made.

During the project, regular milestone meetings with the teachers' committee in the technical school took place, in which the project team provided information on the current status of the project. In the end of the project a summary of the project will be presented.

Inhaltsverzeichnis

1. **Einleitung und Ziel der Projektarbeit** 1
   1.1 Abgrenzung der Projektarbeit 2
   1.2 Ablauf des Projektes 2

2. **Theoretische Grundlagen** 3
   2.1 Projekte 3
   2.2 Projektmanagement 3
   2.3 Projektcontrolling 3
   2.4 Controlling-Regelkreis 4

3. **Die Projektplanung** 5
   3.1 Projektantrag 5
   3.2 Projektstrukturplan (PSP) 6
   3.3 Projektablaufplan (PAP) 7
       3.3.1 Vorgangsliste 7
       3.3.2 Netzplan 8
   3.4 Meetings 9
       3.4.1 Kick-off 9
       3.4.2 Lenkungsausschuss Meeting 9
       3.4.3 Meilenstein 9
       3.4.4 Jour Fixe 9
       3.4.5 Projektstatusbericht 10
       3.4.6 Meilensteintrendanalyse (MTA) 11

4. **Projektdurchführung** 12
   4.1 Produktstammdaten (PSD) 12
       4.1.1 Produkt A - Fersedativ Buccalfilm (Teilprojekt 1) 13
       4.1.2 Produkt B - Pragnestop Transfilm®; Ostpharm OOO 14
       4.1.3 Produkt C - Histablock Rapidfilm® (Teilprojekt 2) 15
   4.2 Risikoerkennung und Risikobewertung 16
   4.3 Identifikation potentieller Risiken 16
   4.4 Risikobewertung 16
       4.4.1 Budgetdurchsprache 16
       4.4.2 Budgetdurchsprache - Produkt A 17
       4.4.3 Budgetdurchsprache - Produkt B 18
       4.4.4 Budgetdurchsprache - Produkt C 19
   4.5 Problemanalyse und Produktbewertung 20
       4.5.1 Produkt A 20
       4.5.2 Produkt B 22
       4.5.3 Produkt C 22
   4.6 Zeitlicher Ablauf der Entwicklung von Arzneimitteln 23

5. **Ergebnisse und Bewertung** 24
   5.1 Einführung von Projektcontrolling bei der Labtec GmbH 24
   5.2 Projektarbeit 25

Literaturverzeichnis 29

Hilfsmittel 29

Abbildungsverzeichnis 30

Die Autoren 31

Formelle Informationen 32

Eidesstattliche Erklärung 33

Freigabe zur Veröffentlichung 33

1. Einleitung und Ziel der Projektarbeit

Ziel der Projektarbeit ist die Einführung von Projektcontrolling als Managementwerkzeug[1]. Durch Projektcontrolling wird der tatsächliche Projektablauf hinsichtlich Kosten, Terminen und Ergebnissen so gut wie möglich in Übereinstimmung mit dem geplanten Projektablauf gehalten. Die Einführung des Projektcontrollings ist ein eigenes Projekt. Für die Zeit der Controlling Testphase übernehmen die Mitglieder des Projektteams die Aufgaben eines Controllers.

Im Projektcontrolling werden Entscheidungen mit Hilfe von Modellen optimiert und die Transparenz von wirtschaftlichen Vorgängen durch Instrumente verbessert. Dies geschieht in einem Umfeld, in dem sich die Anforderungen und Bedingungen ständig ändern. Zum optimalen Projektablauf werden die Chancen und Risiken des Projektes ermittelt und so für das Unternehmen die Wettbewerbsfähigkeit gesichert.

Die Labtec GmbH ist ein pharmazeutisches Forschungs- und Entwicklungsunternehmen mit einem Schwerpunkt auf transdermalen therapeutischen Systemen (TTS), topischen Systemen, sogenannte Transfilme®, sowie sich schnell auflösenden oralen Filmen, sogenannten RapidFilmen®. Sie ist eine Tochtergesellschaft der tesa SE und ein Teil der Beiersdorf Gruppe. Labtec ist damit der pharmazeutische Spezialist in einem globalen Konzern.[2] Am Standort in Langenfeld sind derzeit 45 Mitarbeiter beschäftigt. Die Fertigung und Produktion ist in Hamburg ansässig.

Zur Steuerung der Projekte ist ein umfassendes Projektcontrolling notwendig. Dies ist die Aufgabe dieser Projektarbeit.

Das Projektcontrolling soll neu eingeführt werden. In der Pilotphase werden drei Projekte bearbeitet. Eine klassische Auftragsentwicklung, die auf Stundenbasis abgerechnet wird, eine Eigenentwicklung mit einem Vertragspartner und eine selbstfinanzierte Eigenentwicklung ohne Vertragspartner.

---

[1] Vgl. Steinle, Claus / Bruch, Heike, *Controlling*, Schäffer-Poeschel Verlag, Stuttgart, 2003.
[2] Vgl. Gronbach, Axel / Kerski, Sebastian, *Entwicklung eines Analyseverfahrens zur Bestimmung von pharmazeutischen Kreuzkontaminationen an Laborglas und Herstellungsgeräten*, GRIN Verlag, Norderstedt, 2009.

1.1 Abgrenzung der Projektarbeit

Das Projektteam stellt aus praxisnahen Ausgangssituationen und realistischen Daten die Projektcontrolling-Situation für diese Projektarbeit dar. Bei den in der Projektarbeit angegebenen Produkten handelt es sich um verblindete Labtec-Produkte. Alle Namen und Daten sind frei erfunden. Innerhalb der Projektarbeit wird kein komplettes Projektcontrolling etabliert, sondern es werden lediglich die Voraussetzungen dafür geschaffen. In einer Testphase an drei Projekten wird die Umsetzbarkeit des Projektcontrollings als Werkzeug für spätere Projekte getestet.

1.2 Ablauf des Projektes

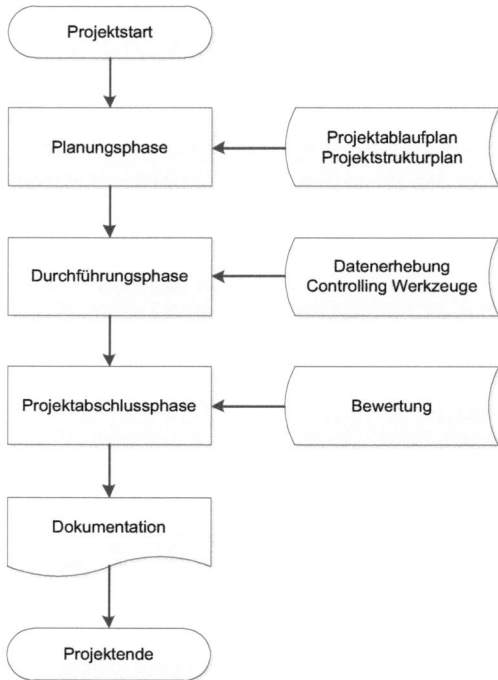

Abbildung 1 – Projektablauf

2. Theoretische Grundlagen

2.1 Projekte

Ein Projekt ist eine vordefinierte Aufgabe, welche durch einen Zeitraum und sachliche Rahmenbedingungen festgelegt ist. Projekte sind durch klare Ziele abgegrenzt und besitzen einen Einmaligkeitscharakter. Des Weiteren haben Projekte eine ausgeprägte Komplexität. Das Budget wird durch den Auftraggeber festgelegt. „Ein angestrebtes Projektergebnis kann nicht mit absoluter Sicherheit erreicht werden. Nur wenn die Ausführung der Projektaufgaben mit Unsicherheiten verbunden ist, wird von einem Projekt gesprochen."[3] Nach dieser Definition handelt es sich bei den Labtec-Produkten um eigene kleine Projekte. Dies bedeutet, dass ein Projektcontrolling durchgeführt wird.

2.2 Projektmanagement

Das Projektmanagement befasst sich mit der Gesamtheit von Führungsaufgaben für personelle und finanzielle Ressourcen sowie Organisationstechniken und Mitteln, die für die Abwicklung eines Projektes notwendig sind.[4]

2.3 Projektcontrolling

Das Projektcontrolling dient der Überwachung und Steuerung eines Projekts. Speziell geht es bei Projektcontrolling in der Entwicklung um Wirtschaftlichkeitsberechnungen.[5] Dazu werden die Werte aus der Projektplanung in regelmäßigen Abständen mit den aktuell prognostizierten Werten verglichen (Soll/Ist-Abgleich).[6] Dies kann bei der Kontrolle zur Einhaltung von Meilensteinen, Arbeitspaketen und Timelines der Fall sein. Dabei ist mit dem Begriff „Controlling" nicht eine „Überwachung" sondern eine „Planung" und „Steuerung" gemeint. Dies wird im Controlling-Regelkreis dargestellt.

---

[3] Steinbruch, Pitter, *Projektorganisation und Projektmanagement*, Friedrich Kiel Verlag. Ludwigshafen (Rhein), 2000.
[4] Steinbruch, Pitter, *Projektorganisation und Projektmanagement*, Friedrich Kiel Verlag. Ludwigshafen (Rhein), 2000.
[5] Steinle, Claus / Bruch, Heike, *Controlling*, Schäffer-Poeschel Verlag, Stuttgart, 2003.
[6] Vgl. Griga, Michael, *Controlling für Dummies*, WILEY-VCH Verlag, Weinheim, 2005.

2.4 Controlling-Regelkreis

Das Projektcontrolling wird laut DIN 69901 als Regelkreis angesehen und wie folgt definiert:

„Sicherung des Erreichens der Projektziele durch: Zielsetzung, Soll-Ist-Vergleich, Analyse & Feststellung der Abweichungen, Bewerten der Konsequenzen und Vorschlagen von Korrekturmaßnahmen, Mitwirkung bei der Maßnahmenplanung und Kontrolle der Durchführung."[7]

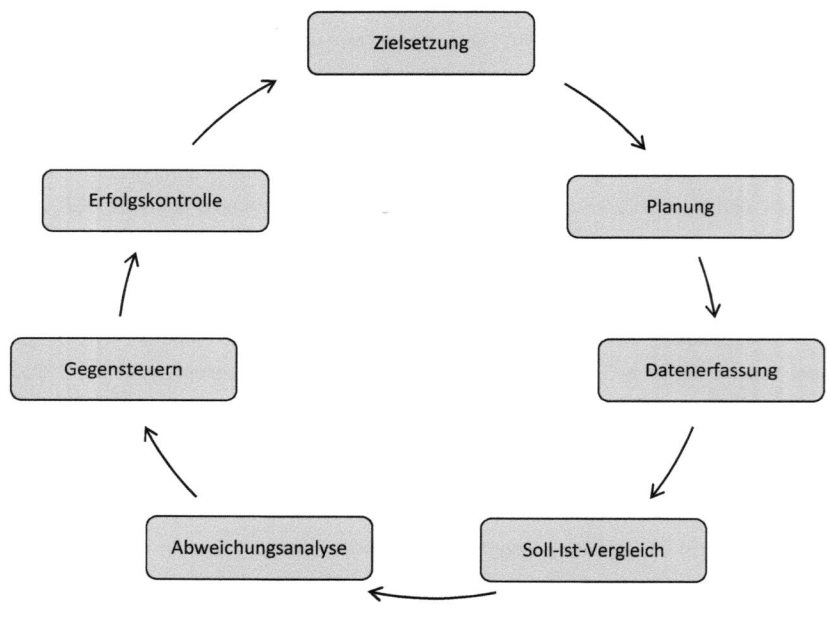

Abbildung 2 – Controlling-Regelkreis

---

[7] Vgl. Rudolf Fiedler, *Controlling von Projekten*, Vieweg+Teubner, 2010.

3. Die Projektplanung

Am Anfang eines Projektes steht die Projektplanung. In einem Projektantrag werden Ziele und Grenzen des Projektes aufgezeigt und Verantwortlichkeiten festgelegt. Nach Freigabe des Projektes werden der Projektstrukturplan und der Projektablaufplan erstellt.

3.1 Projektantrag

Der Projektantrag ist Teil der Projektplanung. Der Projektantrag wird durch das Projektteam erstellt und vom Projektleiter beim Projektauftraggeber eingereicht. Im Folgenden ist der Projektantrag des Projektteams dieser Projektarbeit bei der Fachschule für Technik skizziert.

Projektantrag	Einführung von Projektcontrolling bei der Labtec GmbH	
Antragsteller	Axel Gronbach & Sebastian Kerski	
Bearbeiter	Axel Gronbach & Sebastian Kerski	
Antragverlauf	Einreichung 12.10.2011	Entscheidung 19.10.2011
Basisdaten		
Projektkern	Ziel der Projektarbeit ist die Einführung von Projektcontrolling als Managementwerkzeug. Das Ziel von Projektcontrolling ist, den tatsächlichen Projektablauf hinsichtlich Kosten, Terminen und Ergebnissen so gut wie möglich in Übereinstimmung mit dem geplanten Projektablauf zu halten.	
Projekttermine	Start 19.10.2011	Ende 27.03.2012
Projektbedarf	ca. 6 Arbeitsstunden pro Woche	
Kosten/Nutzen	Die anfallende Arbeit wird außerhalb der Arbeitszeit durchgeführt. Da das Projektcontrolling die Entscheidungsgrundlage für die Weiterführung von Projekten ist, ergibt sich ein nicht bezifferbar großer Nutzen für die Labtec GmbH.	
Projektträger	Labtec GmbH	
Projektgegenstand		
IST / SOLL-Zustand	Das Projektcontrolling soll neu eingeführt werden. In der Pilotphase werden drei Projekte bearbeitet. Eine klassische Auftragsentwicklung, die auf Stundenbasis abgerechnet wird, eine Eigenentwicklung mit einem Vertragspartner und eine selbstfinanzierte Eigenentwicklung ohne Vertragspartner.	
Kundennutzen	Da die Arbeit außerhalb der Arbeitszeit durchgeführt wird, gibt es keinen Personalaufwand.	
Projektorganisation		
Projektaufbau	Auftraggeber	Labtec GmbH
	Kernteam	Sebastian Kerski & Axel Gronbach
Projektablauf	19.10.2011 Vorstellung des Projektthemas 20.12.2011 1.Meilensteinsitzung 05.03.2012 2.Meilensteinsitzung 27.03.2012 Abgabe der Projektdokumentation 23.04.2012 Projektpräsentation	
Chancen & Risiken		
Risiken	Änderung der Rahmenbedingungen, Projekteinstellung, Projektabbruch und Projekteinbruch.	
Zusatzdokumente		
	Projektstrukturplan / Projektablaufplan	

3.2 Projektstrukturplan (PSP)

Um ein Projekt durchführen zu können, muss der Umfang des Projektes feststehen. Um diesen feststellen zu können, eignet sich der Projektstrukturplan. Im Projektstrukturplan wird das Projekt in kleinstmögliche Arbeitspakete aufgeteilt. Im Folgenden werden die Verantwortlichkeiten geklärt und die Arbeitspakete den verschiedenen Projektmitarbeitern zugeordnet.[8]

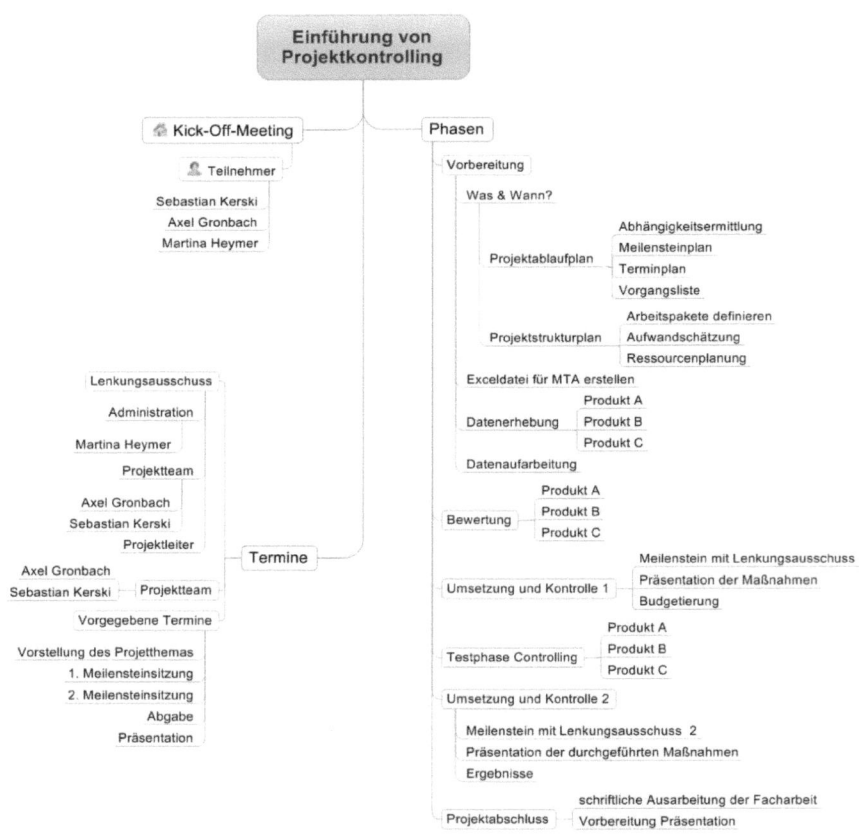

Abbildung 3 – Projektstrukturplan (PSP)

---

[8] Vgl. Fischer, Dagmar, *Die Pharmaindustrie*, Spektrum Akademischer Verlag, Heidelberg 2010.

3.3 Projektablaufplan (PAP)

Wenn alle Arbeiten geplant sind, muss die Reihenfolge der Arbeiten festgelegt werden. Dazu dient der Projektstrukturplan. Im Projektstrukturplan werden die Arbeiten zeitlich festgelegt. Das Projektteam arbeitete zur Erstellung des Projektstrukturplans mit der Software Microsoft Projekt®.

3.3.1 Vorgangsliste

In einem tabellarischen Projektplan können die Abläufe geordnet werden. In verschiedenen Spalten werden Vorgangsnummer, Vorgangsname, Anfang und Ende des Ablaufs und Vorgänger aufgetragen.[9]

Nummer	Vorgangsname	Anfang	Fertig stellen	Vorgänger
1	Themenüberlegung	Mo 17.10.11	Di 18.10.11	
2	Antrag	Mi 19.10.11	Mi 19.10.11	1
3	Kick-Off-Meeting	Do 01.12.11	Do 01.12.11	2
4	Projektablaufplan	Do 01.12.11	Fr 16.12.11	3
5	Projektstrukturplan	Do 01.12.11	Fr 16.12.11	3
6	Exceldatei für MTA erstellen	Do 20.10.11	Fr 02.03.12	3
7	1. Meilenstein	Do 20.10.11	Do 20.10.11	4;5
8	Datenerhebung	Do 01.12.11	Fr 16.12.11	7
9	Datenerhebung - Produkt A	Do 01.12.11	Fr 16.12.11	7
10	Datenerhebung - Produkt B	Do 01.12.11	Fr 16.12.11	7
11	Datenerhebung - Produkt C	Do 01.12.11	Fr 16.12.11	7
12	Datenaufarbeitung	Fr 16.12.11	Sa 31.12.11	9;10;11
13	jour fixe-Termin	Do 08.12.11	Do 08.12.11	3
14	jour fixe-Termin	Do 15.12.11	Do 15.12.11	13
15	jour fixe-Termin	Do 22.12.11	Do 22.12.11	14
16	jour fixe-Termin	Do 29.12.11	Do 29.12.11	15
17	jour fixe-Termin	Do 05.01.12	Do 05.01.12	16
18	jour fixe-Termin	Do 12.01.12	Do 12.01.12	17
19	jour fixe-Termin	Do 19.01.12	Do 19.01.12	18
20	jour fixe-Termin	Do 26.01.12	Do 26.01.12	19
21	jour fixe-Termin	Do 02.02.12	Do 02.02.12	20
22	jour fixe-Termin	Do 09.02.12	Do 09.02.12	21
23	jour fixe-Termin	Do 16.02.12	Do 16.02.12	22
24	jour fixe-Termin	Do 23.02.12	Do 23.02.12	23
25	jour fixe-Termin	Do 01.03.12	Do 01.03.12	24
26	jour fixe-Termin	Do 08.03.12	Do 08.03.12	25
27	jour fixe-Termin	Do 15.03.12	Do 15.03.12	26
28	jour fixe-Termin	Do 22.03.12	Do 22.03.12	27
29	Umsetzung und Kontrolle 1	Mi 25.01.12	Mi 25.01.12	12
30	Meilenstein mit Lenkungsausschuss 1	Mi 25.01.12	Mi 25.01.12	12
31	Budgetierung	Mi 25.01.12	Mi 25.01.12	30
32	Präsentation der durchgeführten Maßnahmen	Mi 25.01.12	Mi 25.01.12	30;31
33	Ergebnisse	Mi 25.01.12	Mi 25.01.12	32
34	Testphase Controlling	Do 26.01.12	Do 16.02.12	33
35	Testphase Controlling - Produkt A	Do 26.01.12	Do 16.02.12	33
36	Testphase Controlling - Produkt B	Do 26.01.12	Do 16.02.12	33
37	Testphase Controlling - Produkt C	Do 26.01.12	Do 16.02.12	33
38	Umsetzung und Kontrolle 2	Fr 17.02.12	Fr 17.02.12	35;36;37
39	Meilenstein mit Lenkungsausschuss 2	Fr 17.02.12	Fr 17.02.12	35;36;37
40	Präsentation der durchgeführten Maßnahmen	Fr 17.02.12	Fr 17.02.12	39
41	Ergebnisse	Fr 17.02.12	Fr 17.02.12	39;40
42	2. Meilenstein - Schule	Mo 05.03.12	Mo 05.03.12	41
43	Projektabschluss	Fr 02.03.12	Fr 02.03.12	42
44	schriftliche Ausarbeitung	Fr 02.03.12	Fr 23.03.12	42
45	Abgabe	Di 27.03.12	Di 27.03.12	44;28
46	Vorbereitung Vortrag	Mo 09.04.12	Fr 20.04.12	45
47	Vortrag	Mo 23.04.12	Mo 23.04.12	46

---

[9] Vgl Steinbruch, Pitter, *Projektorganisation und Projektmanageme*, Friedrich Kiel Verlag. Ludwigshafen (Rhein), 2000.

3.3.2 Netzplan

Mithilfe der Netzplantechnik werden die Ablaufstrukturen dargestellt. Dies ist eine einfache Methode, die Vorgänge zu visualisieren. Jeder Vorgang wird als ein Kasten dargestellt und mit Pfeilen verbunden. So sind die Vorgänge vom Anfang bis zum Ende des Netzplans mit seinem Vorgänger und seinem Nachfolger verbunden. Vorgänge, die nebeneinander ablaufen, sind hier parallel dargestellt.

Wenn ein Vorgang vor Beginn des Nachfolgers abgeschlossen werden muss, liegt eine zwingende Folge vor. Verzögert sich ein Vorgang, werden auch die nachfolgenden Vorgänge verschoben. Mit der Software Microsoft Projekt® lassen sich auch sogenannte Pufferzeiten ermitteln. Dies sind die Zeitpuffer, die Verzögerungen zulassen, die nicht zur Verschiebung der Nachfolger führen. Da das Projektteam in der Planung ausreichend Pufferzeit eingerechnet hat, kam es zu keiner Verschiebung des Projektablaufplans.[10]

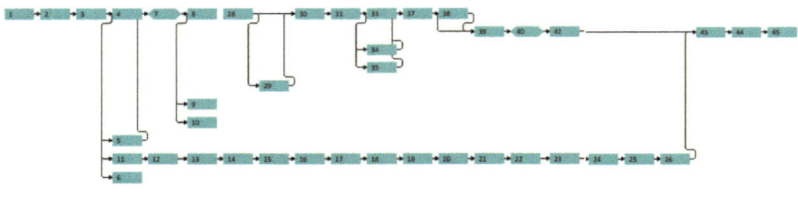

Abbildung 4 – Netzplan

---

[10] Vgl Steinbruch, Pitter, *Projektorganisation und Projektmanagement*, Friedrich Kiel Verlag. Ludwigshafen (Rhein), 2000.

3.4 Meetings

Im folgenden Kapitel werden die verschiedenen Arten der durchgeführten Meetings kurz erklärt.

3.4.1 Kick-off

Das Kick-off Meeting ist eine einmalige Veranstaltung und ist der offizielle Startpunkt eines Projektes („kick-off" = englisch für „Start"). Damit endet die Phase der Projektinitialisierung.

3.4.2 Lenkungsausschuss Meeting

Treffen zwischen dem Projektteam und der Leiterin der Administration von Labtec. Hier wird der aktuelle Stand und die Umsetzung dieser Projektarbeit besprochen.

3.4.3 Meilenstein

In den Meilenstein-Meetings wird dem Auftraggeber der Status des Projektes präsentiert.

3.4.4 Jour Fixe

In sich regelmäßig wiederholenden Terminen („Jour Fixe" = frz. „fester Tag") hat sich das Projektteam getroffen und sich gegenseitig über den Stand der Projektarbeit informiert. Bei den Jour Fixe Terminen wurde der Projektstatusbericht aktualisiert und der Stand der Projektarbeit festgehalten.

3.4.5 Projektstatusbericht

Der Projektstatusbericht ist ein Werkzeug, mit dem bei Jour Fixe Terminen der Stand und notwendige Aktivitäten festgehalten werden.

Projekt:	Einführung von Projektcontrolling bei der Labtec GmbH
Projektteam:	Axel Gronbach & Sebastian Kerski
Datum:	Jour Fixe am 12.01.2012

Arbeitspaket:	Projektstatusmeeting mit Projektleiter Produkt A & B (16.01.2012)
Projektteammitglied:	Sebastian Kerski
Status:	☒ kritisch ☐ teilweise kritisch ☐ planmäßig
Kurzbeschreibung Status:	Termin kann nicht wahrgenommen werden, weil Projektleiter erkrankt. Wird nachgeholt, sobald Projektleiter wieder genesen. Wenn Projektleiter länger erkrankt, wird ein Termin mit der Vertretung durchgeführt.

Arbeitspaket:	Projektstatusmeeting mit Projektleiter Produkt C (18.01.2012)
Projektteammitglied:	Axel Gronbach
Status:	☐ kritisch ☐ teilweise kritisch ☒ planmäßig
Kurzbeschreibung Status:	Termin kann planmäßig wahrgenommen werden.

Arbeitspaket:	Meilenstein Umsetzung & Kontrolle 1 (25.01.2012)
Projektteammitglied:	Sebastian Kerski
Status:	☐ kritisch ☒ teilweise kritisch ☐ planmäßig
Kurzbeschreibung Status:	Termin kann nicht wahrgenommen, da Frau Heymer am Termin auf einer Messe ist. Termin wird vorverlegt auf den 22.01.2012.

Beschlüsse:	Termin des Meetings Meilenstein und Kontrolle wird auf den 22.01.2012 vorverlegt.
Nächstes Meeting am:	19.01.2012

Abbildung 5 – Auszug aus einem Projektstatusbericht

3.4.6 Meilensteintrendanalyse (MTA)

Im Projektablaufplan werden die Meilensteine festgelegt. Ein Werkzeug zum Erkennen von Projektverschiebungen ist die Meilensteintrendanalyse. In der Meilensteintrendanalyse werden die geplanten Meilensteintermine in einem Diagramm aufgelistet. Bei jedem Jour Fixe Termin wird abgeschätzt, ob sich ein Meilenstein verschiebt, und, wenn dies der Fall ist, wird die Verschiebung in dem Diagramm festgehalten. Wenn es also zu Verschiebungen der Meilensteine kommt ist dies gut visualisiert der Grafik zu entnehmen. Als sehr gut geeignet zur Erstellung der Meilensteintrendanalyse stellte sich das Programm Microsoft Excel® heraus.

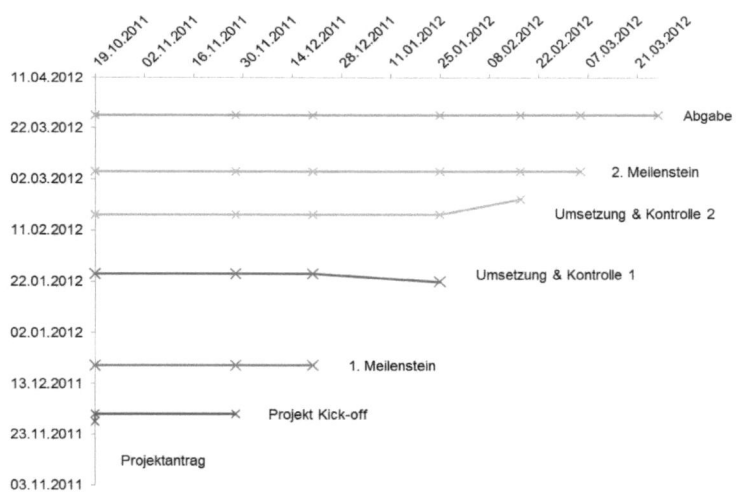

Abbildung 6 – Grafik Meilensteintrendanalyse

Titel des Meilensteins	Plan-Termin zum Projektbeginn	Ist-Termin und neue Abschätzung der Termine						
		1	2	3	4	5	6	7
		19.10.2011	28.11.2011	20.12.2011	25.01.2012	17.02.2012	05.03.2012	27.03.2012
Projektantrag	19.10.2011	19.10.2011						
Projekt Kick-off	28.11.2011	01.12.2011	01.12.2011					
1. Meilenstein	20.12.2011	20.12.2011	20.12.2011	20.12.2011				
Umsetzung & Kontrolle 1	25.01.2012	25.01.2012	25.01.2012	25.01.2012	22.01.2012			
Umsetzung & Kontrolle 2	17.02.2012	17.02.2012	17.02.2012	17.02.2012	17.02.2012	23.02.2012		
2. Meilenstein	05.03.2012	05.03.2012	05.03.2012	05.03.2012	05.03.2012	05.03.2012	05.03.2012	
Abgabe	27.03.2012	27.03.2012	27.03.2012	27.03.2012	27.03.2012	27.03.2012	27.03.2012	27.03.2012

Abbildung 7 – Tabelle Meilensteintrendanalyse

4. Projektdurchführung

In diesem Kapitel werden die Aktivitäten innerhalb der Durchführungsphase beschrieben. Als erstes wurden die Stammdaten und die Budgets der Projekte in einer Tabelle erfasst. In regelmäßigen Abständen wurden die Budgets vom Anfang der Durchführungsphase mit den Budgets aus aktuellen Plandaten abgeglichen. Dann erst erfolgte eine Bewertung der einzelnen Produkte.

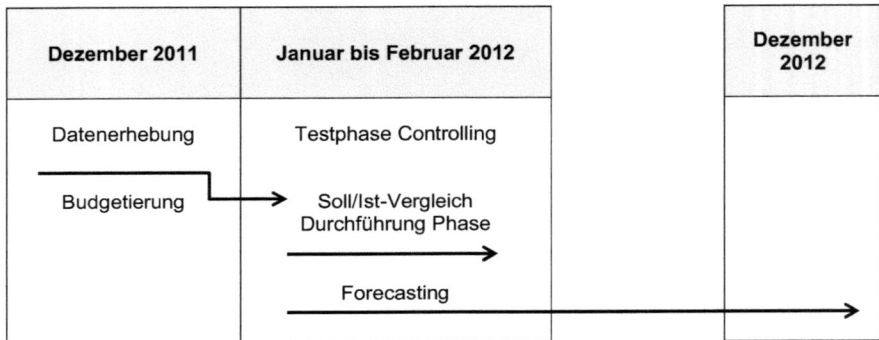

Abbildung 8 – Skizze Projektdurchführung [11]

4.1 Produktstammdaten (PSD)

Die erste Aufgabe des Projektteams bei der Projektdurchführung war das Sammeln aller für das Produkt wichtigen Daten. Alle wichtigen Daten wurden als Produktstammdaten in Tabellen festgeschrieben. Im Folgenden finden sich die Produktstammdaten für die verwendeten Projekte.

---

[11] Eigene Darstellung basierend auf, Steinle, Claus / Bruch, Heike, *Controlling*, Schäffer-Poeschel Verlag, Stuttgart, 2003.

4.1.1 Produkt A - Fersedativ Buccalfilm (Teilprojekt 1)

1. Projekt:	Fersedativ Buccalfilm; Delo Animal Health GmbH (DAH) (Teilprojekt 1)
2. Produkt:	Fersedativ ist ein Beruhigungsmittel, das speziell für Tiere entwickelt wird. Es wird oral in Form eines Buccal-Patches verabreicht. Mit einem Buccal-Patch wird der Wirkstoff durch die Mundschleimhaut (die Wangenschleimhaut) und durch das Zahnfleisch (Gingiva) in den Organismus gebracht. Das Projekt ist eine Auftragsarbeit für die Firma Delo Animal Health. Labtec wurde beauftragt, für Fersedativ ein Buccal Patch zu entwickeln. Dazu wurde im März 2010 folgende Rahmenvereinbarung getroffen: • Labtecs Leistungen werden nach tatsächlich geleisteten Mannstunden quartalsweise abgerechnet. Im Rahmenvertrag wurden folgende Arbeitspakete festgehalten: • Während Stage 1 und 2 mittlerweile abgeschlossen sind, wurden weitere Arbeitspakete beauftragt (Stage 4 und 5), die durchgeführt werden, bevor die Klinikmuster (Stage 3) hergestellt werden.
3. Projektziel:	Durchführung aller von DAH beauftragten Arbeiten mit dem Ziel einen Buccalfilm zu entwickeln, zu charakterisieren und Klinikmuster für die präklinische und klinische Testung durch DAH bereitzustellen.
4. Hauptaufgaben:	Das Projekt gilt als beendet, wenn der Kunde das Projekt beendet oder einen Scale Up beauftragt.
5. Timelines:	Kick-off & Start Stage 1: Juni 2010 Start Stage 2: Dezember 2010 Vorklinik Versuch: September 2011 Auswahl Prototyp: Q3 2011 Herstellung von Klinikmustern (Stage 3): Q1 2012
6. Projektstruktur:	
Steuerungsgremium:	Herr Winter
Projekt Sponsor:	Frau Herbst
Projektleiter:	Dr. Sommer
Kernteam:	Dr. Sommer (fachlich verantwortlich für galenische Entwicklung) Dr. Frühling (Analytik; inkl. Koordination)
Extended Team	• Produktion • Einkäufer Pharma • Reg. Support • QS Labtec • Controlling
8. Zusätzliche Information:	Die enge Absprache mit dem Kunden ist in diesem Projekt sehr wichtig. Vor allem bei der Beschreibung der Arbeitspakete, der Budgetierung, dem Angebot und der Nachhaltung der Arbeiten. Der Projektleiter trägt hier eine hohe Verantwortung. Die Zeiterfassung via ZEP ist hierbei ein wichtiges Instrument.

4.1.2 Produkt B - Pragnestop Transfilm®; Ostpharm OOO

1.	Projekt:	Pragnestop Transfilm®; Ostpharm OOO
2.	Produkt:	Pragnestop Transfilm® ist eine „Self Funded Initiative" von Labtec in Kooperation mit Ostpharm OOO. Das Projekt ist in derzeit in der klinischen Phase. Die Ergebnisse aus der Studie sind nicht vielversprechend. Es besteht ein hohes Risiko, dass die Studie nicht für die Zulassung verwendet werden kann. Es steht noch nicht fest, in wie vielen Ländern das Produkt zugelassen werden soll; aufgrund der Zulassungskosten einerseits und relativ niedriger Marktpreise für generisches Pragnestop andererseits wird die Zulassung wahrscheinlich auf die Big 5 Länder Europas plus Russland begrenzt bleiben.
3.	Projektziel:	1. Erreichung der Zulassung. 2. Sicherstellung der Lieferfähigkeit für Pragnestop bis März 2013. 3. Sicherstellung und Umsetzung GMP-konformer Ablaufprozesse von der Aufnahme der Produktion bis zur Auslieferung an Kunden ebenfalls bis März 2013. 4. Das Projekt gilt als beendet, wenn drei Lieferungen von Marktware an Kunden ausgeliefert wurden.
4.	Timelines:	Nach der Herstellung der ersten drei kommerziellen Chargen bzw. der Validierungschargen: Durchführung der Validierungschargen abhängig von dem weiteren Verlauf des Zulassungsprozesses. Herstellung und Lieferung Marktware.
5.	Projektstruktur:	
	Steuerungsgremium:	Geschäftsführung / Ostpharm OOO
	Projekt Sponsor:	Geschäftsführung / Ostpharm OOO
	Projektleiter:	Dr. Sommer
	Kernteam:	Dr. Sommer (fachlich verantwortlich für galenische Entwicklung) Dr. Frühling (Analytik; inkl. Koord.)
	Extended Team	• Produktion • Einkäufer Pharma • Reg. Support • QS Labtec • Controlling
6.	Zusätzliche Information:	Die direkte Absprache und Koordination mit dem Partner Ostpharm ist sehr wichtig. Vor allem bei der Beschreibung der Arbeitspakete, Budgetierung und Nachhaltung der Arbeiten. Die Erfassung von Ressourcen via ZEP ist hierbei ein wichtiges Instrument.

4.1.3 Produkt C - Histablock Rapidfilm® (Teilprojekt 2)

1.	Projekt:	Histablock Rapidfilm® (Teilprojekt 2)
2.	Produkt:	Labtecs Projekt Histablock Rapidfilm® hat die erste Teilphase erfolgreich durchschritten. Histablock ist somit ein Teilprojekt 2 und startet in die Prototyp Produktion. Histablock Rapidfilm® ist eine „Self Funded Initiative" von Labtec. Ziel ist die Entwicklung eines Generikums für ein führendes Produkts zur Behandlung von Allergien. Der Marktführer erzielt mit der Substanz 1 Mio. €. Ziel ist es, hiervon 65% Marktanteil zu erlangen. Dafür ist der Zulassungszeitpunkt kritisch und entscheidend. Wird dieser verpasst, verringern sich die Marktchancen deutlich bis dies nicht mehr lohnenswert ist.
3.	Projektziele:	Erlangung der Zulassung in den europäischen Hauptmärkten. Start im ersten Land und Herstellung von 10 Chargen Marktware.
4.	Rahmenbedingungen:	Anders als bei anderen generischen Entwicklungen gibt es hier kein Datum zu dem das Patent ausläuft, da das Substanzpatent bereits ausgelaufen ist. Die (gesamte) Konkurrenz arbeitet ebenfalls an dem Produkt. Eine Verlizenzierung durch Labtec wird für 2012 angestrebt.
5.	Hauptaufgaben:	Scale Up des derzeitigen Protoypen und Nachweis der Stabilität. Durchführung des klinischen Studienprogramms, Verlizenzierung an Generikafirmen in Europa. Erstellung eines EU Zulassungsdossiers und Einreichung zur Zulassung in Europa. Das Projekt gilt als beendet, wenn 10 Chargen Marktware erfolgreich und termingerecht hergestellt wurden.
6.	Timelines	Projektstart: Januar 2012 Scale Up: Q1/Q2 2012 Start Single Dose Studie: Mai 2012 Start Multiple Dose Studie: August 2012 Einreichung: Januar 2013 Zulassung: 2. HJ 2014
7.	Projektstruktur:	
	Steuerungsgremium:	Herr Winter
	Projekt Sponsor:	Frau Herbst
	Projektleiter:	Dr. Sommer
	Kernteam:	• Methodenvalidierung • Produktion • Projektmanager
	Extended Team	• Einkauf • Reg. Support • Qualitätskontrolle • Business Development • Controlling

4.2 Risikoerkennung und Risikobewertung

Das folgende Kapitel beschäftigt sich mit der Erkennung und der Bewertung von Risiken, die beim Controlling von pharmazeutischen Produkten auftreten.

4.3 Identifikation potentieller Risiken

Zur Identifikation der potentiellen Risiken können die eingesetzten Controllingwerkzeuge benutzt werden. Die Budgetdurchsprache und der Projektstatusbericht können mithilfe des Ampelsystems leicht einen Überblick verschaffen und so eine gute Aussage treffen. Drei Farben stellen drei Warnstufen dar. so wird rot als kritisch, gelb als teilweise kritisch und grün als planmäßig und unkritisch angesehen.

4.4 Risikobewertung

4.4.1 Budgetdurchsprache

Bei der Budgetdurchsprache wird ein Soll/Ist-Abgleich der Zielvorgaben mit dem Planergebnis durchgeführt. Das Budget stellt finanzielle Ressourcen aber auch Personal und Maschinen sowie die Zeitfenster, die zur Verfügung stehen, dar. Mithilfe von Tabellenkalkulationssoftware ist es möglich, Berechnungsblätter zu erstellen, die Planergebnisse mit Zielvorgaben abgleichen können. Es ist möglich, bei Abweichungen Zellen mit verschiedenen Farben ausfüllen zu lassen, so dass man einfach visualisiert auf Risiken aufmerksam gemacht werden kann. Das Projektteam hat folgende Berechnungsblätter, basierend auf der Vorlage aus dem Buch *Controlling für Dummies*, mit der Software Microsoft Excel erstellt.[12]

Vorgabe Planwerte	
Kostenstellenergebnis:	Minimum:
Leistungsarten:	

Kostenart:	Istwert Vorjahr	Planwert
Summe Personalkosten	0 €	- €
Rohstoffe		
Summe Sachkosten	0 €	- €
Summe Kosten	0 €	0 €

Leistungsart:	Istwert: Vorjahr	Planwert
Produkterlöse		
Arbeitserlöse		
Informationserlöse		
Summe Leistungen	0 €	0 €

Kostenstellenergebnis	0 €	0 €

Abbildung 9 – gekürzte Budgetplanung aus *Controlling für Dummies*

---

[12] Griga, Michael, *Controlling für Dummies*, WILEY-VCH Verlag, Weinheim 2005.

4.4.2 Budgetdurchsprache - Produkt A

Fersedativ Buccal Film	Basisdaten intern:		Basisdaten extern:			
A	Produkt Buccalfilm		Patentablauf originator:	n.a.		
			Einreichung Zulassung:	offen		
			Entwicklungspartner:	Delo Animal Health GmbH (DAH)		
			gegenwärtige Projektphase:	PL Prototpyphase Labor		
			generisch:	ja		
			BTM:	nein		
			Indikation:	Veterinär Sedativum		
						Abw.
Marktdaten	wirtschaftliche Attraktivität					
Entwicklung			Basis-Plan	akt. Plan	Ist (Ende)	
	Rezepturentwicklung abgeschlossen		Dez.10	Dez.10		
	Prototyp(en) verfügbar		Okt.11	Okt.11		
	Informelle Stabilität		Sep.11	Sep.11		
	Formale Stabilität		offen	offen		
Budget					3.000.000,00 €	
	Man-days Langenfeld		/	/		
	Materialkosten Langenfeld		0 €	0 €		
	Kosten Scale-Up (API)		0 €	0 €		
	Kosten Klinik		0 €	0 €		
	Sonstige Kosten		0 €	0 €		
Klinik						
Studie 1	Dokumentation, Genehmigung		n.a.	n.a.		
	Muster		Dez.11	Dez.11		
	Durchführung		DAH	DAH		
	Auswertung; go/no go		offen	offen		
Studie 2	Dokumentation, Genehmigung		offen	offen		
	Muster		offen	offen		
	Durchführung		offen	offen		
	Auswertung; go/no go		offen	offen		
Scale-Up						
	Placebo-Chargen		offen	offen		
	Bezug von Wirk-/ Hilfsstoffen		offen	offen		
	Freigabe Wirk-/Hilfsstoffe		offen	offen		
	Verum-Chargen, Klinikmuster		offen	offen		
	Freigabe Klinikmuster		offen	offen		
	Produktion Fertigware		offen	offen		

Abbildung 10 – Budgetdurchsprache - Produkt A

4.4.3 Budgetdurchsprache - Produkt B

Pragnestop Transfilm®	Basisdaten intern:		Basisdaten extern:	
B	Produkt Transfilm® (TDS)		Patentablauf originator:	Feb 12
			Einreichung Zulassung:	Okt 10
			Entwicklungspartner:	Ostpharm OOO
	gegenwärtige Projektphase:		PP Prototpyphase Produktion	
	generisch:		ja	
	BTM:		nein	
	Indikation:		Empfängnisverhütung	
				Abw.
Marktdaten	wirtschaftliche Attraktivität			
Entwicklung		Basis-Plan	akt. Plan	
	Rezepturentwicklung abgeschlossen	Mai 09	Mai 09	
	Prototyp(en) verfügbar	Mai 09	Mai 09	
	Informelle Stabilität	Jun. 09	Jun. 09	
	Formale Stabilität	Feb. 10	Feb. 10	
Budget				
	Man-days Langenfeld	1800 MT	1100 MT	
	Materialkosten Langenfeld			
	Kosten Scale-Up (API)	55.000 €	55.000 €	
	Kosten Klinik	55.000 €	55.000 €	
	Sonstige Kosten		92.000 €	
Klinik				
Studie 1	Dokumentation, Genehmigung	Feb. 07	Mai 07	
	Muster	Jul. 07	Jul. 07	
	Durchführung	Sep. 07	Sep. 07	
	Auswertung; go/no go	Feb. 08	Feb. 08	
Studie 2	Dokumentation, Genehmigung	Feb. 10	Feb. 10	
	Muster	Feb. 10	Feb. 10	
	Durchführung	Mrz. 10	Nov. 10	
	Auswertung; go/no go	Mai 09	Jan. 11	
Zulassung	Dossiererstellung	Sep. 10	Jan. 11	
	Einreichung	Okt. 10	Apr. 11	
	Zulassung	Dez. 11	Jun. 12	
Scale-Up				
	Placebo-Chargen	Dez. 09	Jan. 10	
	Bezug von Wirk-/ Hilfsstoffen	Nov. 09	Nov. 09	
	Freigabe Wirk-/Hilfsstoffe	Dez. 09	Jan. 10	
	Verum-Chargen, Klinikmuster	Jan. 10	Jan. 10	
	Freigabe Klinikmuster	Feb. 10	Apr. 10	
	Produktion Fertigware	Sep. 11	Jun. 12	

Abbildung 11 – Budgetdurchsprache - Produkt B

4.4.4 Budgetdurchsprache - Produkt C

Histablock Rapidfilm	Basisdaten intern:		Basisdaten extern:		Abw.
C	Produkt (Rapidfilm)		Patentablauf originator:	Mai 96	
	Eigenentwicklung		Einreichung Zulassung:	Dez 12	
			Entwicklungspartner:	keine	
	gegenwärtige Projektphase:		generisch:	ja	
	PL Prototpyphase Labor		BTM:	nein	
			Indikation:	Antihistaminika	
Marktdaten	wirtschaftliche Attraktivität			Originator 500 Mio.	
Entwicklung			Basis-Plan	akt. Plan	
	Rezepturentwicklung abgeschlossen		Sept 11	Apr. 11	
	Prototyp(en) verfügbar		Okt. 10	Apr. 11	
	Informelle Stabilität		Nov. 10	Apr. 11	
	Formale Stabilität		Okt. 11	Jan. 12	
Budget					
	Materialkosten Langenfeld		50.000 €	49.000 €	
	Kosten Scale-Up (API)		10.000 €	8.000 €	
	Kosten Klinik		37.000 €	37.000 €	
	Sonstige Kosten		3.900 €	3.900 €	
Klinik					
Studie 1	Dokumentation, Genehmigung		Mrz. 11	Aug. 11	
	Muster		Jul. 11	Sep. 11	
	Durchführung		Apr. 11	Aug. 11	
	Auswertung; go/no go		Aug. 11	Okt. 11	
Studie 2	Dokumentation, Genehmigung		Jan. 12	Mai 12	
	Muster		Jan. 12	Jan. 12	
	Durchführung		Feb. 12	Feb. 12	
	Auswertung; go/no go		Aug. 12	Aug. 12	
Zulassung	Dossiererstellung		Dez. 12	Dez. 12	
	Einreichung		Mrz. 13	Dez. 12	
	Zulassung		Mai 14	Dez. 13	
Scale-Up	Placebo-Chargen		Sep. 11	Nov. 11	
	Bezug von Wirk-/ Hilfsstoffen		Sep. 11	Sep. 11	
	Freigabe Wirk-/Hilfsstoffe		Okt. 11	Nov. 11	
	Verum-Chargen, Klinikmuster		Nov. 11	Nov. 11	
	Freigabe Klinikmuster		Jan. 12	Jan. 12	
	Produktion Fertigware		Feb. 14	Sep. 13	

Abbildung 12 – Budgetdurchsprache - Produkt C

4.5 Problemanalyse und Produktbewertung

4.5.1 Produkt A

Wie aus den Produktstammdaten aus Kapitel 4.1.1 zu entnehmen ist, handelt es sich bei Produkt A um eine klassische Auftragsentwicklung.

Labtecs Leistungen werden nach tatsächlich geleisteten Personalstunden quartalsweise abgerechnet. Die Kosten für das Personal werden am Monatsende via ZEP auf die Projekte verteilt und fließen so mit ein. Die Soll/Ist-Abgleiche der Planstunden gegenüber den Ist-Stunden erfolgt ebenfalls in ZEP. Der Projektmanager ist verantwortlich hier zu reagieren, wenn es zu Abweichung kommt. Dies bedeutet, dass mithilfe des einfachen Abgleichs von Soll & Ist-Werten keine Aussagen getroffen werden können, die über Budgeteinhaltungen informieren. Es ist vielmehr nötig, eine Checkliste zu erstellen, in der festgelegt wird, ob Arbeitspakete abgeschlossen oder noch offen sind. Wenn es Zeitvorgaben gibt, können diese dargestellt und bewertet werden. Die Betrachtung der Ressourcen innerhalb der Abteilungen, in denen die Arbeiten durchgeführt werden, wird hierbei außer Acht gelassen. Das Projektteam entschied sich bei der Auswertung der Prozesse für folgende Herangehensweise.

Arbeitspakete aus Verträgen		
Arbeitspaket 1	erledigt	130.000,00 €
Arbeitspaket 2	erledigt	248.000,00 €
Arbeitspaket 3	in Arbeit	
Arbeitspaket 4	erledigt	34.500,00 €
Arbeitspaket 5	offen	
Summe Arbeitspakete		**412.500,00 €**
Zusätzliche Einkommen aus Paketausdehnung		
Herstellung weiterer Prototypen	erledigt	40.000 €
Optimierung von Methoden	erledigt	32.000,00 €
Herstellung Klinikmuster	erledigt	200.000,00 €
Hautpermeationen	erledigt	120.500,00 €
Klinische Studie	erledigt	25.000,00 €
Summe Paketausdehnung		**417.500,00 €**
Summe der Einnahmen gesamt		**830.000,00 €**

Abbildung 13 – Arbeitspakete Fersedativ Buccalfilm

Die Beträge aus den Verträgen wurden tabellarisch erfasst. Wenn ein Vertrag ausgedehnt wurde, wurde dies in weiteren Spalten neben den Arbeitspaketen aufgetragen.

Die Summe der Beträge aus Arbeitspaketen entspricht den Plandaten (Prognose Dezember 2011). Vergleicht man die Prognose mit den letzten Schätzungen, kommt man nun auf eine Abweichung von 50%. Das bedeutet, Labtec erhält 50% mehr Erträge im ersten Quartal als noch im Dezember 2011 geplant war.

Fersedativ Buccalfilm				
Überblick über die Kosten	Prognose Dezember 2011	Letzte Schätzungen März 2012	Abweichung	Abweichung
	€	€	€	%
Personal	210.000	400.000	190.000	53%
Material/API	0	0	0	-
Produktion	0	0	0	-
Anmeldung	0	0	0	-
Klinische Kosten	0	0	0	-
Verschiedenes	0	0	0	-
Gesamtkosten (Labtec)	**210.00**	**400.000**	**190.000**	**53%**
Gesamteinkommen	412.500	830.000	417.500	50%
Erträge vom Partner	412.500	830.000	417.500	50%

Abbildung 14 – Kosten Fersedativ Buccalfilm

Aus dieser Sichtweise betrachtet, ist das Produkt hoch profitabel. Die Profitabilität ist nur dann vorhanden, wenn Labtec in der Lage ist, die Arbeitspakete des Produktes in der vorgegebenen Zeit zu erfüllen.

Wenn es zu personalen Engpässen käme, wäre es mit Rücksprache des Auftraggebers notwendig, Arbeiten zu externen Auftragsunternehmen auszulagern. Dann entstehen auf Seiten Labtecs Kosten, die nicht kalkulierbare Risiken mit sich bringen.

4.5.2 Produkt B

Dem Formular aus der Budgetdurchsprache von Produkt B aus Kapitel 4.4.3 kann man entnehmen, dass Bereiche der klinischen Studien in der Signalfarbe rot gefärbt sind. Dies lässt sich durch den negativen Verlauf der klinischen Studie begründen.

Die Studie wird gegebenenfalls bei einem anderen Institut wiederholt und dazu müssen zusätzliche Gelder eingesetzt werden, die nicht bei den Plandaten eingerechnet wurden. Es ist es fraglich, ob am Termin der Markteinführung festgehalten werden kann.

Hier ist die direkte Absprache und Koordination mit dem Partner Ostpharm sehr wichtig. Dazu dienen die Daten aus dem Projektcontrolling als Entscheidungsgrundlage für weitere gemeinsame Schritte. Außerdem ist dies Basis für die Abrechnung mit dem Partner.

Da man alle wichtigen Kenndaten dem Berechnungsblatt Budgetdurchsprache entnehmen kann, ist es gut geeignet, dieses Produkt darzustellen.

4.5.3 Produkt C

Produkt C, Labtecs selbstfinanzierte Eigenentwicklung, ist derzeit in der Prototypphase der Produktion. Im Jahr 2014 wird die Erlangung der Zulassung in den europäischen Hauptmärkten angestrebt. Dann soll das Produkt in Apotheken erhältlich sein.

Auch für Produkt C kann mit dem Berechnungsblatt der Stand des Projektes gut erfasst werden. Die Ergebnisse sind mit dem **Farbcode** klar visualisiert.

4.6 Zeitlicher Ablauf der Entwicklung von Arzneimitteln

Von der Wirkstofffindung bis hin zur Zulassung eines Arzneimittels vergehen einige Jahre. In der abgebildeten Grafik ist der Ablauf der Forschungs- und Entwicklungsphase dargestellt.

In der langen Zeitspanne kann es jederzeit zu einem Abbruch des Projektes kommen. Dies hat gravierende Folgen für die forschenden Unternehmen, da bis zur Zulassung nur Kosten und keine Einnahmen entstehen. Von 10.000 Produkten in der Wirkstofffindung werden nur etwa 20 weiter entwickelt.[13]

Nur ein Produkt schafft es bis zur Zulassung. Pharmazeutische Produkte, die es auf dem Markt schaffen, müssen somit, diejenigen, die es nicht bis zur Zulassung schaffen, finanzieren. Das ist ein Grund für die hohen Kosten eines Originatorproduktes.

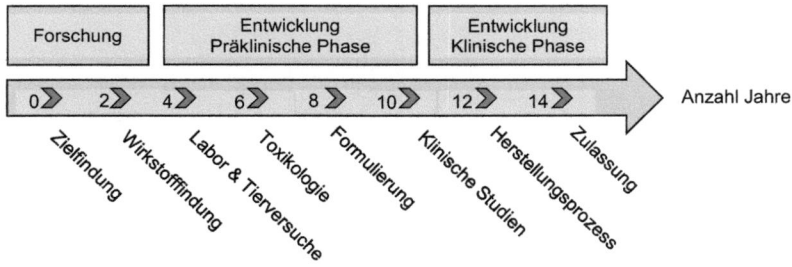

Abbildung 15 – Zeitlicher Ablauf der Entwicklung von Arzneimitteln[14]

---

[13] Pfizer Inc., *http://www.pfizer.de/forschung/entwicklungsphasen.html*, 25.März 2012.
[14] Eigene Darstellung basierend auf Perkins, *Pharmaceutical Marketing: Principles, Environment, and Practice*, Haworth Pr Inc , Haworth, 2002.

5. Ergebnisse und Bewertung

5.1 Einführung von Projektcontrolling bei der Labtec GmbH

Ein Projektcontrolling bei der Entwicklung eines pharmazeutischen Produktes durchzuführen, hat sich als anspruchsvoll herausgestellt. Das Projektteam hatte drei vollkommen verschiedene Produkte zu bearbeiten: Eine klassische Auftragsentwicklung, die auf Stundenbasis abgerechnet wurde, eine Eigenentwicklung mit einem Vertragspartner und eine selbstfinanzierte Eigenentwicklung ohne Vertragspartner. Es wurden Verfahren erarbeitet, die auf jedes einzelne Produkt anwendbar sind. In der Durchführungsphase wurden Daten erhoben und Labtec-Produkte mithilfe von Controlling Werkzeugen gesteuert. In der Projektabschlussphase wurden die Labtec-Produkte bewertet und der Abschlussbericht erstellt.

Dieser Bericht dient als Grundlage für die Einführung von Projektcontrolling bei der Labtec GmbH. Der Controlling Prozess bei den drei Testprodukten wird weitergeführt und andere Produkte folgen.

Bis zum Dezember 2012 soll das Projektcontrolling bei allen Labtec-Produkten Anwendung finden. In einem Jahresplan werden die Basisdaten festgelegt und einmal im Quartal wird eine Budgetdurchsprache vorgenommen.

Strategische Planung	• Strategische Planung in Geschäftseinheiten • Jährlicher Strategie Check (mit evtl. Adjustierung der Ziele und Strategien)
Operative Planung	• Operative Zielsetzung • Detailplanung in den Einheiten / Teilplanbestimmung • Konsultierung / Budgetierung
Operative Kontrolle	• Soll-Ist-Vergleich / Abweichungsanalysen • Forecasting • Erfolgskontrolle
Strategische Kontrolle	• Vierteljährliche Strategie Reviews (Fortschritts- & Erfolgskontrolle)

Abbildung 16 – Ablaufschema Planung & Kontrolle [15]

---

[15] Steinle, Claus / Bruch, Heike, *Controlling*, Schäffer-Poeschel Verlag, Stuttgart, 2003.

5.2 Projektarbeit

Die Ausbildung zum staatlich geprüften Wirtschaftstechniker beinhaltet eine Projektarbeit. Diese Projektarbeit sollte einen Umfang von 120 Stunden haben und in Kooperation mit der Arbeitsstelle der Studierenden durchgeführt werden. Das Projektteam ist bei der Firma Labtec GmbH angestellt und führte dort die vorliegende Projektarbeit durch. Durch die Projektarbeit konnte das Projektteam tiefe Einblicke in Projektmanagement, Projektcontrolling und viele weitere betriebliche Vorgänge bekommen. Die Projektarbeit wurde dem Lehrerausschuss der Fachschule für Technik fristgerecht vorgelegt.

Zum Abschluss der Projektarbeit wird eine Zusammenfassung des Projektes präsentiert.

Definitionen und Begriffserklärung

- **Buccal Film**

Ein Buccalfilm ist eine Neuentwicklung von Labtec. Der Buccalfilm gibt den Wirkstoff durch die Mundschleimhaut und durch das Zahnfleisch in den Organismus ein. Im Gegensatz zum Rapidfilm®, der schnell zerfällt, wird er wie ein Transfilm® an die Mundschleimhaut geklebt und verweilt dort bis er nach Stunden zerfällt.

- **Budgetdurchsprache**

Bei der Budgetdurchsprache wurde ein Soll/Ist-Abgleich der Zielvorgaben mit dem Planergebnis durchgeführt.

- **Bioäquivalenz**

Wenn ein Generikum zugelassen werden soll, muss die Bioäquivalenz mit dem Originatorprodukt gegeben sein. Man spricht von einer Bioäquivalenz, wenn man gefahrlos bei einem Patienten zwischen Generikum und Originatorprodukt wechseln kann. Dies ist gegeben wenn bei festgelegten Studien vergleichbare Ergebnisse erzielt werden.

- **Forecasting**

Das Forecasting ist der Soll/Ist-Vergleich, der bei der Budgetdurchsprache durchgeführt wird. Es dient der Klärung der Frage, ob die Budgetziele zum Jahresende voraussichtlich erfüllt werden.[16]

- **Generikum**

Unter einem Generikum wird ein Fertigarzneimittel definiert, das Wirkstoffe enthält, die nicht mehr dem Patentschutz unterliegen.

- **Lenkungsausschuss**

Der Lenkungsausschuss dieser Projektarbeit besteht aus dem Projektteam, den Projektleitern und der Labtec-Administration.

- **Meilenstein**

Mithilfe der Meilensteine sollen Projekte in definierte Teile untergliedert werden. Diese Teilschritte werden sequentiell durchlaufen, wobei am Ende eines Teilschrittes ein formalisierter Prozess steht. Dieser Prozess muss positiv abgeschlossen werden, bevor ein Projekt in die nächste Phase übergehen kann.

---

[16] Vgl. Dambrowski, *Budgetierungssysteme*, 1986.

- **Microsoft Projekt**

Microsoft Projekt® ist ein Programm zur Planung von Projekten. Basierend auf der Netzplantechnik können Arbeitsabläufe zeitlich geplant werden. Arbeitsabläufe werden in logischer Reihenfolge zeitlich angegeben und durch die Visualisierung kann man erkennen, welche Abläufe parallel möglich sind und welche auf einander folgen. Gleichzeitig kann der sogenannte „kritische Pfad" feststellt werden. Der „kritische Pfad" beschreibt die Arbeiten, die nicht verzögert werden dürfen, damit das Projekt den gesetzten Zeitrahmen einhält.

- **Microsoft Excel**

Microsoft Excel ist ein Tabellenkalkulationsprogramm. Es wurde vom Projektteam zur Erstellung von diversen Berechnungsblättern verwendet.

- **Originatorprodukt**

Unter einem Originatorprodukt wird ein Fertigarzneimittel definiert, das Wirkstoffe enthält, die dem Patentschutz unterliegen.

- **Projektteam**

Das Projektteam, bestehend aus Axel Gronbach und Sebastian Kerski, führt die Projektarbeit durch. Für die Zeit der Controlling Testphase übernehmen die Mitglieder des Projektteams die Aufgaben eines Controllers.

- **Projektleiter**

Der Projektleiter, oder auch Projektmanager, ist der bei Labtec für die Produkte verantwortliche Projektleiter. Er hat die Verantwortung für alle anfallenden Arbeiten an dem Projekt. Er organisiert die Arbeitspakete für die Projektmitarbeiter.

- **Planergebnis**

Ein Planergebnis ist das Ergebnis, das aus aktuellen Daten resultiert. Es kann von den Zielvorgaben abweichen. Dies ist dann der Fall, wenn das Planergebnis das Budget der Zielvorgaben übersteigt.

- **Placebo**

Ein Placebo ist eine Arzneiform, in der kein Wirkstoff eingebunden ist. (lat. „ich werde gefallen").

- **Rapidfilm®**
Rapidfilm® ist Labtecs eingetragenes Warenzeichen für schnell zerfallende Filme zur oralen Aufnahme. Der Vorteil des Rapidfilms gegenüber der herkömmlichen Tablette ist, dass Patienten mit Schluckbeschwerden den zerfallenen Film, auch ohne Wasser, oral einfacher einnehmen können.

- **Scale-up**
Scale-up ist die Maßstabsübertragung von Herstellungsverfahren vom Labormaßstab auf die Produktionsanlage.

- **Self Funded Initiatives (SFI)**
SFI bedeutet, dass die Finanzierung von Eigenentwicklungen aus eigener Kraft erfolgt. (englisch „Eigenentwicklungen / aus eigener Kraft")

- **Teilprojekt**
Ein Teilprojekt ist ein Teil eines ganzen Projektes, welches zur Aufgabenerfüllung aufgeteilt wurde.

- **Transfilm®**
Tansfilm® ist Labtecs eingetragenes Warenzeichen für transdermale Pflaster. „Transdermale Pflaster geben den Wirkstoff über die Haut in das darunter liegende Gewebe und die Blutgefäße ab, so dass dieser systemisch über einen längeren Zeitraum wirksam werden kann."[17]

- **Verum**
Unter Verum versteht man ein Arzneimittel, das im Gegensatz zum Placebo, Wirkstoffe enthält (lat. „das Wahre").

- **Vorprojekt**
Ein Vorprojekt ist eine Idee, die bis zu einer bestimmten Stufe verfolgt wird.

- **ZEP**
ZEP ist eine Softwarelösung zur Zeiterfassung, Auswertung, Abrechnung und zum Projektmanagement. Hier werden personelle Ressourcen entsprechend der geleisteten Arbeit statistisch erfasst.

---

[17] tesa SE, http://www.tesa.de/company/press_center/tesa-se-uebernimmt-labtec-gmbh,786469,1.html, 25. März 2012.

Literaturverzeichnis

- Dambrowski, Jürgen, *Budgetierungssysteme*, Toeche-Mittler, Darmstadt, 1986.
- Fischer, Dagmar, *Die Pharmaindustrie*, Spektrum Akademischer Verlag, Heidelberg 2010.
- Griga, Michael, *Controlling für Dummies*, WILEY-VCH Verlag, Weinheim, 2005.
- Gronbach, Axel / Kerski, Sebastian, *Entwicklung eines Analyseverfahrens zur Bestimmung von pharmazeutischen Kreuzkontaminationen an Laborglas und Herstellungsgeräten*, GRIN Verlag, Norderstedt, 2009.
- Pfizer Inc., *http://www.pfizer.de/forschung/entwicklungsphasen.html*, 25.März 2012.
- Steinbruch, Pitter, *Projektorganisation und Projektmanagement*, Friedrich Kiel Verlag, Ludwigshafen (Rhein), 2000.
- Steinle, Claus / Bruch, Heike, *Controlling*, Schäffer-Poeschel Verlag, Stuttgart, 2003.
- tesa SE, *http://www.tesa.de/company/press_center/tesa-se-uebernimmt-labtec-gmbh,786469,1.html*, 25. März 2012.
- Wöhe, Dr. Ulrich, *Einführung in die Allgemeine Betriebswirtschaftslehre*, Verlag Vahlen, München, 2010.

Hilfsmittel

- Fiedler, Rudolf, *Controlling von Projekten*, Vieweg +Teubner, Wiesbaden, 2010.
- Kolassa, Eugene Mick / Perkins, James Greg / Siecker, Bruce, *Pharmaceutical Marketing: Principles, Environment, and Practice,* Haworth Pr Inc , Haworth, 2002
- Pfeiffer, Tilo, *Qualitätsmanagement*, Carl Hanser Verlag, Bad Langensalze, 2001.
- Schöfflin, Dr. Ursula. *Arzneiformlehre*, Deutscher Apotheker Verlag, Stuttgart, 2003.

Abbildungsverzeichnis

Abbildung 1 – Projektablauf 2

Abbildung 2 – Controlling-Regelkreis 4

Abbildung 3 – Projektstrukturplan (PSP) 6

Abbildung 4 – Netzplan 8

Abbildung 5 – Auszug aus einem Projektstatusbericht 10

Abbildung 6 – Grafik Meilensteintrendanalyse 11

Abbildung 7 – Tabelle Meilensteintrendanalyse 11

Abbildung 8 – Skizze Projektdurchführung 12

Abbildung 9 – gekürzte Budgetplanung aus *Controlling für Dummies* 16

Abbildung 10 – Budgetdurchsprache - Produkt A 17

Abbildung 11 – Budgetdurchsprache - Produkt B 18

Abbildung 12 – Budgetdurchsprache - Produkt C 19

Abbildung 13 – Arbeitspakete Fersedativ Buccalfilm 20

Abbildung 14 – Kosten Fersedativ Buccalfilm 21

Abbildung 15 – Zeitlicher Ablauf der Entwicklung von Arzneimitteln 23

Abbildung 16 – Ablaufschema Planung & Kontrolle 24

Die Autoren

Axel Gronbach

Berufserfahrung:
05/2005 – heute   Chemietechniker in der analytischen Qualitätskontrolle, Labtec GmbH

Ausbildung:
09/2011 - 07/2012   Franz-Jürgens-Berufskolleg
Staatlich geprüfter Techniker (FS),
Betriebswirtschaftslehre

08/2006 - 07/2011   Heinrich-Hertz-Berufskolleg
Staatlich geprüfter Techniker (FS), Chemie

08/2000 - 07/2004   Berufskolleg Kartäuserwall
Staatlich geprüfter Chemisch-technischer Assistent

Sebastian Kerski

Berufserfahrung:
01/2012 – heute   Entwicklungsanalytiker in der Formulierungsentwicklung, Labtec GmbH

11/2006 - 12/2011   Chemietechniker in der analytischen Entwicklung, Labtec GmbH

05/2006 - 11/2006   Chemielaborant in der analytischen Entwicklung, SCHWARZ BIOSCIENCES GmbH

01/2006 - 05/2006   Chemielaborant in der instrumentellen Analytik, Stockhausen GmbH

Ausbildung:
09/2011 - 07/2012   Franz-Jürgens-Berufskolleg
Staatlich geprüfter Techniker (FS),
Betriebswirtschaftslehre

08/2006 - 07/2011   Heinrich-Hertz-Berufskolleg
Staatlich geprüfter Techniker (FS), Chemie

08/2002 - 01/2006   Evonik Stockhausen GmbH
Chemielaborant

Formelle Informationen

Thema: **Einführung von Projektcontrolling bei der Labtec GmbH**

Vorgelegt von: **Herr Axel Gronbach**
Neustr. 25b
42799 Leichlingen

Herr Sebastian Kerski
Aachener Straße 17
40223 Düsseldorf

Vorgelegt bei: **Franz-Jürgens-Berufskolleg Düsseldorf**
Färberstraße 34
40223 Düsseldorf

In Zusammenarbeit mit: **Labtec GmbH**
Raiffeisenstr. 4
40764 Langenfeld
www.labtec-pharma.com

Eidesstattliche Erklärung

Das Projektteam versichert, die vorgelegte Arbeit selbständig verfasst zu haben. Alle Stellen, die wörtlich oder sinngemäß aus veröffentlichten oder nichtveröffentlichten Arbeiten anderer entnommen sind, haben wir als entnommen kenntlich gemacht. Sämtliche Quellen und Hilfsmittel, die wir für die Erstellung der Arbeit benutzt haben, sind angegeben. Die Arbeit hat mit gleichem Inhalt oder in wesentlichen Teilen noch keiner Prüfungsbehörde vorgelegen.

Langenfeld, den 27. März 2012

_____   _____
    Herr Axel Gronbach   Herr Sebastian Kerski

Freigabe zur Veröffentlichung

Diese Projektarbeit wurde durch Vertreter der Firma Labtec GmbH geprüft und zur Veröffentlichung freigegeben.

Langenfeld, den 27. März 2012

_____
    Frau Martina Heymer   (Stempel)